Uma Nova Forma de Existir: Como Organizar Sua Mente e Assumir o Controle da Sua Vida

Dan Desmarques

Published by 22 Lions Bookstore, 2019.

Direitos Autorais

Uma Nova Forma de Existir: Como Organizar Sua Mente e Assumir o Controle da Sua Vida

Escrito por Dan Desmarques

Copyright © Dan Desmarques, 2019 (1ª Ed.) Todos os Direitos Reservados.

Publicado por 22 Lions Bookstore & Publishing House

Sobre a Editora

Sobre a 22 Lions Bookstore:

www.22Lions.com

Facebook.com/22Lions

Twitter.com/22lionsbookshop

Instagram.com/22lionsbookshop

Pinterest.com/22lionsbookshop

Introdução

A consciência da alma se manifesta em vários planos da realidade interconectados entre si. Em todos esses planos, existe a permanência do espírito único do ser. Portanto, o espírito pode se manifestar em diferentes construções espaço-temporais. Isto explica por que é possível realizar viagens astrais para outros planetas ou fazer saltos quânticos para realidades paralelas. Por outro lado, sempre que a alma encarna num certo plano de realidade, como por exemplo o planeta Terra, pode encarnar em diferentes períodos da história, sem que haja um ciclo obrigatório temporal como o conhecemos. Assim, um ser humano do futuro pode facilmente reencarnar em qualquer período de tempo passado e vice-versa. É por isso que o tempo não é apenas uma ilusão, cientificamente verificável, mas também uma ilusão necessária, como tantas outras.

Nesta linha de percepções, precisamos conhecer e explorar todas as dinâmicas com uma perspectiva pragmática, e começamos perguntando: "quem somos e por que vivemos?". Estas questões, entre muitas outras, são esclarecidas aqui, levando a uma melhor compreensão do mecanismo da vida. De fato, "todas as verdades são fáceis de entender assim que são descobertas; a dificuldade é descobri-las" (Galileo Galilei). Ao longo dos vários capítulos, uma abordagem espiritual linear é apresentada, cruzada com diferentes perspectivas religiosas, assim como gnósticas, enquanto se concentra em premissas empíricas. Desta forma, promove-se a ideia de saber viver sem o medo do caos, permitindo aprendizagens que levam a uma maior felicidade e sucesso na vida.

Quem Somos?

O ser humano é composto pelos mesmos elementos que formam o universo. Isto, porque ele é em si uma síntese do próprio universo. E no entanto, ele e seu corpo não são o mesmo, pois o espirito, o qual forma, ou deve formar a parte mais proeminente da personalidade, contém a centelha divina, uma pequena porção do fogo divino, composta pela mesma natureza de Deus. E neste sentido, é errado dizer-se que somos Deus, mas não é errado dizer que podemos ser como um deus, no sentido de que, a consciencialização, aproxima a mente do Homem da mente de Deus.

O estado de budeidade ou iluminação, é assim não-exclusivo, mas aberto e progressivo, a todos os que desejem tal aproximação, por meio da meditação, conhecimento e experiência física. E não é possível sem um formidável equilíbrio nestes três planos. Qualquer desequilibro num destes elementos perante os restantes, atrasa o progresso do individuo nesta caminhada.

Por outro lado, na medida em que o ser humano possuí os mesmos elementos químicos que compõem a matéria, detém real poder sobre a energia que move essa matéria e é, ele mesmo, uma forma de energia dotada de inteligência e controlado pela magnitude divina que orienta todo o universo e a matéria que este incluí. Por outras palavras, embora sujeito às leis do tempo, um ser humano pode realmente manifestar qualquer realidade a que se proponha viver, se realmente souber controlar as leis mentais que regem tal possibilidade. Par tal, ele tem que ser capaz de controlar, disciplinar e persistir em todos os elementos que compõem a sua identidade, nomeadamente, seus pensamentos, suas emoções, suas ações, e todos os restantes elementos que interferem com estes, incluíndo, os pensamentos dos outros, suas emoções, e suas ações.

Embora a telepatia ainda seja um fenómeno estranho a muitos, o que desejamos que os outros pensem sobre nós pode realmente ser verbalizado, pensado e acionado por meio da comunicação que temos com estes, e as emoções que transmitimos, a qualquer momento, a tais pessoas. A comunicação é um meio muito mais complexo do que muitos possam pensar, e adquire proporções profundas, a nível genético, que não devem ser ignoradas. Pois, se por um lado, a maioria do que pensamos corresponde a necessidades de sobrevivência, por outro, interfere em novos modelos sociais que, por vezes, entram em conflito com esses valores, e os nossos valores pessoais.

Se alguma vez, ao participar num evento, ou interagir com um determinado grupo de estranhos, sentiu uma imediata repulsa ou aproximação perante certos indivíduos, ou culturas, sabe que esta emoção foi mais tarde justificada pelas palavras e ações de tais pessoas. E podemos realmente criar teorias sobre o passado, mas dificilmente tais teorias abrangem todas as causas por detrás das nossas experiências mais emocionais.

Alguns chamam de intuição a tais habilidades, mas compreendem, na verdade, muitos mais aspectos do nosso ser, e não simplesmente a intuição. A telepatia e o coração estão intimamente relacionados com o pensamento, a educação, a cultura, e a identidade, bem como a importância relativa que colocamos em cada um destes elementos.

Já no que respeita à comunicação propriamente dita, pela palavra, ou escrita, embora não possamos controlar na totalidade como o que dizemos afecta os outros, podemos, substancialmente, adaptarmo-nos às suas respostas, bem como comunicar de acordo com aspectos que sejam mais favoráveis aos outros. Para tal, no entanto, precisamos identificar valores relevantes. Afinal, toda a comunicação transmite valores pessoais, e é através destes que transformamos o mundo em que vivemos.

É ridículo pensar-se que uma pessoa não pode mudar o mundo, pois cada pessoa tem contacto com, pelo menos cem pessoas, através dos meios sociais à sua disposição, principalmente com a internet, e este número multiplica-se substancialmente, fazendo com que uma frase ou uma foto possam atingir repercussões muito alem do que seria esperado.

No que respeita aos gestos, de uma forma geral, tendemos a ser mais afáveis com pessoas que nos tocam ou que tocamos. Daí a resposta negativa que obtemos quando tocamos alguém que sente ainda não estar a tal nível de afinidade. E no entanto, esse nível pode ser criado mediante o toque, seja por que razão existir entre duas ou mais pessoas. Este factor é tão relevante, que um simples abraço, pode estimular desejos sexuais tanto em homens como mulheres.

No entanto, existem factores genéticos por detrás do modo como reagimos ao toque. E grande parte destes factores estão relacionados com a atração física ou sinais de amabilidade. Pelo que, não é de estranhar que tantos homens no mundo actual estejam sendo agrupados, em larga escala, para a extinção, enquanto uns poucos, outros, são escolhidos pelas mulheres de modo geral, que competem agressivamente por estes, para a procriação, ou pelo menos sexo casual que possa levar a isso, ainda que grande parte do comportamento feminino seja inconsciente.

A comunicação, em seu aspecto técnico, nunca pode ser relevante ou suficientemente verdadeira sem englobar todos os aspectos referidos.

Como Descobrimos Nossa Verdadeira Identidade?

O ser humano é, simultaneamente, o todo e a parte, e, simultaneamente, o nada. Deus está nele e em todo o universo físico. E o ser humano, pode, por isso, comunicar com todo o universo físico e com Deus, primeiro, mediante um sentimento de empatia e humildade que elimina a interferência do ego, e depois atrás duma simbiose de emoções e pensamentos. Esta capacidade permite, não só entender as comunicações vindas de Deus, mas também as intenções de outros seres humanos, e até animais.

Ao ser composto por todos os elementos em interação no universo, o ser humano é o todo, visto que o todo reside nele; Ao ser um elemento desse mesmo universo, é uma parte do todo; Mas, ao não ser mais do que um elemento ordenado pela lei de divina, não é nada em si. E, neste sentido, a personalidade existe e não existe ao mesmo tempo. A personalidade é uma ilusão necessária, que se transforma e dissipa no tempo, e entre vidas, através das experiências, conhecimentos e realizações adquiridas. Quanto mais aprendemos e mais capazes nos tornamos, menos egocêntricos somos. E nesse sentido, podemos dizer que a arte, como um caminho para a complexidade e a manifestação da harmonia através do caos, representa a senda mais rápida para a ascensão espiritual.

Apesar do facto de que a originalidade é uma ilusão, o realismo não é. A identidade dum ser é manifesta e existe porquanto este coopera com a geometria sagrada do universo, pois só sendo um elemento do todo pode o indivíduo ser tão importante como esse todo. E assim, uma pessoa é tão importante quanto consiga desconsiderar sua importância, algo que só é possível através da ambição, da necessidade de sucesso, em todas as áreas que se mostrem relevantes para este mesmo indivíduo, de onde se destacam a capacidade para amar e procriar através do sexo, a capacidade para sentir satisfação e realização pessoais através do serviço comunitário, entendido por muitos como um emprego, embora este seja um estádio muito básico e inconsciente de tal manifestação, e, finalmente, a capacidade para ser respeitado, a qual é mal-interpretada por muitos como a capacidade para intimidar e obter valor por nada mais que a própria existência.

O verdadeiro respeito, só existe quando um ser humano se respeita a si mesmo, e isto só é possível através da integridade, da compreensão da moralidade social, em seus defeitos e fundamentos essenciais, e aplicação constante de actos éticos.

O ego é uma ilusão necessária que conduz tanto à arrogância como à ignorância, porque, a perceção de se ser algo, só obtém validade a partir de pressupostos divinos ou sociais, e não se desenvolve independentemente de uma destas duas perspetivas. No entanto, dizemos que o ego é uma ilusão necessária, pois sem este, não seria possível tomar consciência da ignorância e da arrogância, manifestações as quais só se tornam negativas quando ignoradas e invisíveis.

Diz-se que um ser humano é cego e estúpido, quando não pode ver a arrogância dos outros e a sua. E neste sentido, os idiotas sempre terão poder sobre outros idiotas. Tal é a lei do universo, que une energias compatíveis a fim de exterminar o inútil.

Embora um indivíduo seja tão importante como o universo, na medida de quanta seja a energia que possa controlar para criar nesse mesmo universo, ela é menos importante que uma formiga porquanto esteja subjugado às leis do acaso que regem sua vida e o medo do que os outros possam pensar de seus actos.

A relatividade deste poder pode ser hierarquizada em níveis de influência, a qual pode ser dividida primordialmente em positiva e negativa, mas tem que mais tarde ser compreendida como primordialmente efectiva. Pois o ser que alcançou a consciencialização, não mais pensa em certo e errado, verdade ou mentira, positivo ou negativo, mas tão-somente propósito.

Este propósito nobre é tão altruísta que frequentemente é confundido pelas massas com seu oposto, a psicose, ou auto-destruição. Isto, porque ambos aparentam o mesmo às massas ignorantes - egoísmo, loucura e crueldade.

O artista que está enamorado por sua obra é muito diferente do drogado que pinta graffitis numa rua ou na parede de seu apartamento, e, no entanto, para a massa social, composta fundamentalmente por imbecis, parecem o mesmo.

Estes, são muito diferentes entre si. Primeiro, porque o egoísmo do artista, não é realmente egoísmo, mas altruísmo, espiritualidade levada ao extremo, em que apenas este e o criador participam duma obra com impacto mundial, sendo as massas excluídas de tal participação precisamente por não possuírem o nível necessário para serem consideradas. Apesar de que muitos podem apreciar uma música, não significa que possam tocar a guitarra que escutam ou compor no mesmo nível de produção musical.

Já no que respeita à loucura, é um facto histórico que os ignorantes deste mundo sempre consideraram louco o que não compreendem, apesar de usufruirem hipocritamente dos bens criados por aqueles a quem chamaram de loucos, nomeadamente, a lâmpada, o carro e o avião, entre outros.

A crueldade é usualmente mal-entendida por todos os que se consideram boas pessoas. E a maioria crê serem boas pessoas. E no entanto, a crítica ao imbecil não é uma acto de negatividade ou crueldade, mas justiça. A confusão surge duma mentalidade infantil presente na maioria, que os leva a crer que se não estão numa prisão ou num hospital psiquiátrico, são automaticamente dotados de capacidade para existir. Isto não é assim. E o insulto ao imbecil é sempre um insulto justo.

Como Eliminamos a Negatividade em Nós?

Todo o tipo de influência social é negativa, pois a influência positiva corresponde meramente às esferas do pensamento e dimensão espiritual da consciência individual. Neste sentido, podemos dizer que todos os que estão imersos no prazer da carne, são pessoas negativas por natureza. Por prazer da carne entende-se não apenas o sexo, mas também o prazer de comer por prazer em vez de mais saúde, o prazer de matar, o prazer de ver outros sofrerem, o prazer de causar dor emocional ou física, e o prazer de se sentir superior face a outros seres, humanos ou não.

Todo o tipo de prazer de ordem física, prende o ser humano à negatividade do planeta, a negatividade material que o elimina de modo progressivo. E é um facto, que pessoas negativas, tendem a morrer mais rápido, e quanto tal não sucede, a sofrer por largos períodos de tempo, com dores físicas, doenças e até mesmo pesadelos e insónias. Estas são quem sofre mais com as incertezas da vida, e também as que acreditam mais na sorte, pois não entendem a relação entre seus actos e as consequências dos mesmos, não compreendem as leis espirituais e energéticas do universo que habitam.

Neste sentido, um ser altamente espiritual e positivo, é aquele que, consciente das consequências de suas ações e em total ausência de egocentrismo, manifesta uma influência determinante em suas palavras e ações, ainda que dotado de uma verdade que pode trespassar, como uma espadas, todos os que o escutam.

Aqui, encontramos os músicos, escultores, escritores e místicos, que vivem do poder divino, se alimentam desta energia, e desprezam o valor da opinião social, qualquer que esta seja. Isto, porque o propósito destes, quando consciente, trespassa os medos e pensamentos das massas, não apenas do seu tempo, mas muitas mais gerações por vir. Estes seres são inalteráveis perante quaisquer alterações exteriores, como um barco navegando por entre tempestades. E podemos por isto mesmo dizer que o poder de um ser humano assume-se na proporção do seu potencial criativo. É nesta atividade que o indivíduo se conhece, pois "nunca te encontras a ti mesmo até enfrentares a verdade" (Pearl Bailey).

Ainda assim, apesar de que somos uma síntese do universo, e podemos, por isso, compreender, na nossa realidade limitada, as leis deste mesmo universo, através da nossa interação com ele, ao falarmos de universo, estamos somente referindo-nos à realidade material conhecida, e não os muitos universos alienígenas que permanecem desconhecidos da larga maioria.

Estes planetas e existências alienígenas são oferecidos apenas aos que podem recordá-los, e um ser humano precisa ser extremamente evoluído para alcançar tal poder. E ainda assim, só quando estas visões se manifestam, um pode dizer que é profeta. Pois antes disso, surgem outros estados, como a budeidade, que embora necessários, estão longe e muito abaixo da perfeição espiritual, a qual se inicia apenas com a exclusão do contexto de humanidade, uma exclusão que inclui todos os universos de vida existentes nas muitas galáxias.

É por isto que podemos afirmar que a vida é infinita. Da medida do nosso conhecimento e consciencialização, existe infinidade. Mas também podemos dizer que a vida é finita e mutável se atendermos à sua transformação permanente no âmbito físico.

Em modo exemplificativo, é tão importante controlar a rotação dum planeta como a temperatura dum fogão, visto que, no universo material, toda a matéria obedece às mesmas leis, exceto aquela que se transformou para se adaptar a um universo que se distinguiu dentro da lei divina. E no entanto, podemos afirmar que aquele que não pode controlar um planeta ainda não atingiu o estado mais elevado possível, tanto quanto aquele que se queima ao cozinhar se está perdendo a si mesmo. Não é por acaso que a infelicidade e a depressão generalizada estão por detrás da larga maioria dos acidentes.

A larga maioria dos seres humanos vive em tal estado adormecido, que não se podem dar conta de que o muito que consideram normal, está muito abaixo dum nível humano ideal. E, portanto, ignoram a possibilidade de controlar um planeta. Mas tal possibilidade mostra-se sempre acessível a todos os que sonharam alto o suficiente para mudar o planeta, seja com novas formas de transporte, crenças, políticas, transações ou tecnologias.

Um dia chegará, em que o poder dum ser humano trespassa a sua ambição financeira ou altruísmo pela humanidade, para se transformar numa consciência que, através da empatia, conquista os corações de todos. Até esse dia chegar, a ambição financeira continuará a ser o meio mais favorável para uma ascensão espiritual, pois nunca ninguém conseguirá ser verdadeiramente rico sem compreender as dinâmicas da abundância, e o que destinge estas das dinâmicas da extrema pobreza. Pois nos elementos que distinguem ambas, encontramos tudo o que precisamos, tais como: Conhecimento; Fé; Imaginação; Determinismo; Persistência; Inspiração; Cooperação; Ambição.

Qual é a Relação Entre Os Seres Humanos?

Considerando que as lei Divinas são, em grande medida, desconhecidas, podemos somente, através do universo material do planeta terra conhecer as normas pelas quais se regem, a fim de entender a ordem que surge do caos das nossas existências. Mas não poderemos pressupor que as leis materiais deste planeta são semelhantes às de outros planetas, principalmente em outras galáxias. Em cada realidade de cada planeta onde exista vida, cada ser desse mundo controla a energia que move a matéria na proporção do seu potencial. Assim, podemos afirmar que o potencial humano é proporcional ao estado do planeta, físico e histórico, em que se encontra. Somos tanto um produto das nossas ambições e motivações, como o resultado das ambições e motivações dos outros. Uns, extremamente motivados, leem os livros que outros, também eles motivados, escreveram. Outros, ignoram tudo, seja a sua necessidade de aprender, ou de transmitir o conhecimento adquirido.

Muito poucas pessoas neste planeta estão determinadas no caminho de obter recursos mentais para melhorar suas vidas. De facto, a maioria está tão concentrada nos recursos financeiros, ou os meios de os obter, nomeadamente um carro e um bom emprego, que completamente esquecem e ignoram o seu potencial como seres humanos. Apenas em alguns momentos da vida de algumas pessoas, nomeadamente, momentos de grande tribulação, alguns param para pensar sobre esta fonte de recursos, constantemente presente na vida de todos. Poderíamos até mesmo dizer que a polaridade do planeta terra, certifica que nunca um extremo seja tão catastrófico como o seu oposto. E por isso, é tão interessante verificar que biliões de pessoas são tão estupidas como um porco sem ofacto, e por outro lado, nunca em toda a história existiram tantos livros, incluindo livros poribidos, a disposição de tanta gente, e gratuitamente. Pela primeira vez na historia, milhares de livros escritos há mais de 100 anos tornaram-se domínio publico, reflectindo a historia da consciência por mais de quinze mil anos.

o mesmo se pode dizer sobre a solidão, um fenómeno crescente num mundo que também proporcionalmente aumentou sua população em mais de 6 billions em apenas algumas décadas.

Neste sentido, todas as impossibilidades que a vida manifesta, reflectem a polaridade oposta, pois as diferenças são tão obvias quanto a capacidade para mudar de realidade é simples. Ou seja, nunca existiram tantas pessoas pobres no planeta, e no entanto, nunca os bancos emprestaram tanto dinheiro com agora.

Nunca a improbabilidade de algo acontecer esteve tão presente na mente de tantas pessoas, que no entanto compartilham o mesmo espaço. E não obstante, é sempre interessante para mim verificar como aqueles que se queixam de seus problemas sempre me atraem para as suas vidas, e rejeitam as respostas através dos insultos ao meu trabalho. É interessante escrever livros como este, em cafeteiras, ao mesmo tempo que escuto pessoas ao meu lado, descrevendo problemas para os quais este e outros livros que escrevi, oferecem respostas. É interessante perder motivação para escrever no meu apartamento, e sentir essa motivação e concentração aumentar sempre que estou em público, pois sem essa motivação não poderia escrever tantos livros tão rápido, uma motivação que surge da energia dos outros, dos seus pensamentos, pessoas que, quando me apresento e digo o que faço, me rejeitam como se fosse um louco perigoso.

Atrevo-me mesmo a dizer que, as diferenças entre os seres humanos são tão relevantes quanto as suas semelhanças são interessantes. E mais interessante ainda é quando duas pessoas completamente diferentes se apaixonam, pois a pessoa que passa uma vida inteira sofrendo, me encontra, desperta em mim o amor, e depois destrói tudo com insultos. E durante todo este tempo, foi incapaz de ler e compreender os livros que lhe ofereci gratuitamente, fazendo-me sentir inútil. Um sentimento que, certamente encontra o seu oposto, quando recebo mensagens e emails de Singapura, Estados Unidos, Australia, e muitos outros países espalhadas pelo mundo, agradecendo-me pelo meu trabalho e esforço em melhorar suas vidas.

O amor que não encontra reciprocidade na realidade em que se manifesta, frequentemente se sente através da realidade não manifesta. E neste sentido, o sonho e a realidade são apenas oposto um do outro.

Podemos Realmente Aprender Com Experiência?

Se pudermos compreender a essência que faz dum problema um dilema, poderemos mais facilmente evitar obtê-lo no futuro. E, assim, na escola da vida, aprendemos a criar felicidade considerando que um problema apenas o é na ausência de solução.

Aprendendo sobre os problemas, aprendemos também sobre as soluções, seus melhores caminhos e estratégias, e, em essência, sobre o propósito da nossa existência. Aquele que souber fazer seu trabalho de casa e for dinâmico na aprendizagem da vida, mediante o estudo que a realidade lhe permite assimilar, poderá obter bons resultados nesta escola e viver a paz e alegria duma vida plena de realizações bem-sucedidas. Isto, no entanto, não é possível sem uma ação na direção do conhecimento acumulado através da experiência de outros seres humanos como nós, que sofreram e experienciaram o mesmo.

Muitas pessoas agora se chamam de 'estudantes da Universidade da Vida' como se a experiência teorizada na falta de conhecimento levasse a alguma sabedoria ou até menos que isso, como a capacidade para pensar e processar informação fora dos modelos de validação pessoal. É muito fácil explicar o que você vê, é o que a humanidade tem feito ao longo da história, mas a verdadeira educação termina no último livro que você leu e pode se avaliar pela quantidade de livros que conseguiu ler, entender e apreciar. Menos que isto, apenas nos permite ser certificado em estupidez. E é isso que os "estudantes da vida" realmente são: egos frágeis tentando justificar sua estupidez com arrogância, cristalizando seu estado de ignorância no tempo com orgulho. Porque, embora a humanidade tenha se confundido com a própria mecânica, permanece o fato transitório de que o conhecimento, em qualquer maneira ou forma, surge dos livros. E mais de 99% de todos os livros já produzidos na história da humanidade estão agora, graças à internet, disponíveis gratuitamente, no domínio público, e onde quer que um computador e eletricidade estejam presentes.

Esta verdade também contribui extensivamente para o fato de que os seres humanos estão agora, pela primeira vez, escolhendo deliberadamente permanecer ignorantes. E é isso que os "estudantes da vida" realmente são: orgulhosos manifestos de ignorância. Eles não sabem que, se você ler o suficiente para ser inteligente, será esperto demais para explicar o que lê e ocupado demais para compartilhá-lo.

Portanto, o que podemos dizer daqueles que ficam obcecados com sua aparência física sempre que têm tempo para alguma coisa? A premissa é auto-explicativa: o único aluno real é o "estudante do eu".

O Que é a Realidade?

A realidade em que existimos é composta por inúmeros elementos ilusórios que, conduzidos por uma composição de energia, assumem um propósito na correlação com as nossas necessidades espirituais. A realidade terrestre solidifica, por isso, um conjunto de linhas de comunicação, em que nada é exatamente real mas tudo é necessário. Por outras palavras, "a maior verdade não pode ser colocada em palavras" (Lao Tzu). E isto porque é interdinâmica, e não existe sem o determinismo, a ação e a crença.

A realidade material transforma-se e a nossa consciência desenvolve-se com esta, portanto a função da realidade é a de auxiliar ao desenvolvimento da consciência. Com o desenvolvimento da consciência, transformar-se-á equitativamente a realidade. Por isso, todo o desenvolvimento tecnológico surge sempre num plano igualitário à capacidade do ser humano para o utilizar.

Podemos dizer que, entre a energia que une os vários corpos materiais, incluindo os nossos, e a associação da nossa consciência com todo esse processo, existem linhas de comunicação, perante as quais devemos compreender os desígnios da nossa existência através do conhecimento da própria realidade. Importa, na realidade material, aquilo que podemos compreender nela, e tem sentido na nossa existência aquilo que, nessa mesma realidade, nos permite interagir, criando linhas de comunicação que alimentam um fluxo constante de autocompreensão mediante a ação sobre essa mesma realidade. Podemos assim afirmar que o propósito da realidade é auxiliar ao desenvolvimento da compreensão, através do conhecimento sobre as leis de causa-efeito que regem essa mesma realidade. À medida que a nossa compreensão se desenvolve, a realidade que nos rodeia transformar-se-á.

Num sentido mais vasto, poderemos afirmar que a realidade assume as características necessárias ao nosso estado espiritual atual, pelo que, transformar-se-á em função dele e numa associação direta com o mesmo, ainda que o universo material possua uma velocidade própria de transformação.

Embora não existam transformações abruptas e espontâneas, existem velocidades transformativas lentas e também outras tantas tão rápidas que escapam á perceção da mente. Entre ambos os estados, o mais lento situa-se ao nível da mente, o mais rápido ao nível da consciência, e o mais extraordinário no plano do subconsciente.

A mente é composta por crenças, a consciência baseia-se em conhecimento empírico e o extraordinário encontra-se no campo da fé, emoções e imaginação. A realidade é simplesmente o resultado da equação composta pelos elementos mencionados. E no entanto, é extremamente fácil prever o futuro de qualquer indivíduo simplesmente olhando para aquilo em que este indivíduo acredita.

As crenças são realmente algo muito poderoso, pois se você acredita que pode ser rico sem ler um livro, ou aprender através de alguém bem sucedido, e não for capaz de alterar tal crença, através de suas experiências, provavelmente irá falhar em seus objectivos.

Os grandes bilionários que criaram toda a riqueza sozinhos, não tinham apenas grandes sonhos, mas também uma capacidade igual para se transformarem. E essa polaridade, foi o que realmente lhes permitiu obter o que desejavam.

De modo geral, poderá parecer psicopático, o hábito de ter conversas interiores, com o nosso eu imaginário do futuro idealizado, de sonhar com algo que não encontra correspondência com o real, e até abdicar da personalidade e do ego, alterando sistematicamente o conceito de "eu" em função dos nossos objectivos, mas é também um processo muito espiritual. Os verdadeiros psicopatas não são capazes de fazer o mesmo. A mecânica é muito semelhante, mas um psicopata está mais concentrado em controlar os outros para atingir os seus fins, do que alterar seu comportamento. E qualquer individuo que queira enriquecer, sabe que a honestidade e a cooperação são o caminho mais rápido para o conseguir.

Uma mentira nunca chega muito longe. Nesse sentido, dificilmente um psicopata pode enriquecer, a menos que obtenha uma posição social que lhe permita isso. Não é por acaso que os maiores psicopatas escolhem a política como o plano ideal para isso. É a única profissão que permite alcançar um poder enorme sem ter que o justificar pela prática e com resultados. Qualquer idiota com capacidade para persuadir pela palavra, pode ganhar eleições politicas.

Um dia, quando eu era adolescente, meu, muito imbecil, pai biológico, mostrou-me sua irritação ao jantar, quando escutou os jornalistas dizerem que através duma investigação descobriram que o primeiro ministro não tinha, na verdade, qualquer curso universitário. As pessoas ficam escandalizadas com muito pouco. Mas interrompi sua irritação para lhe dizer: "Um político não necessita de curso universitário. Qualquer pessoa pode ser político." E neste momento, pude ler seus pensamentos na integra. O primeiro pensamento, lógico, foi: "Eu posso ser presidente da republica?"; e o pensamento que se seguiu foi: "mas nunca ninguém irá votar em mim porque sou um idiota e não sei o que dizer ou o que fazer".

A vida resume-se a isso, a este exemplo acima mencionado, o qual se pode resumir em consciência da ignorância. E a qual não surge sem verdadeiro conhecimento prático sobre a realidade.

Qual é o Propósito da Vida?

Atendendo ao facto de que o ser humano tem como objetivo aprender a conhecer-se e a conhecer a sua manifestação espiritual através das experiências de vida, o sentido desta resume-se no desenvolvimento da consciência espiritual. Esta consciência é reconhecida no princípio de que uma pessoa estará encaminhando-se corretamente sempre que sente felicidade. Pelo que, na infelicidade, conhecerá o significado de estar errado nessa caminhada. Neste sentido, tudo aquilo que produzir felicidade duradoura, insere-se nos propósitos espirituais do indivíduo.

Podemos dizer ainda que, muito embora os objetos materiais possam produzir felicidade, trata-se duma felicidade de pouca duração, porque os objetos em si, e a realidade material como um todo, não são a razão da nossa felicidade, mas tão-somente o veículo para a alcançar. Muitas pessoas, com uma capacidade muito limitada para entender a realidade, acreditam que serão felizes quando conseguirem obter um carro de luxo e uma mansão. Esquecem-se que estes são consequências de planos de longa duração, os quais nunca conseguirão assegurar, porque não possuem persistência, não sabem sofrer a longo prazo por um objectivo irreal.

Na verdade, as pessoas atingiriam mais facilmente seus objetivos se começassem por desejar algo que realmente necessitam, ou se ficassem concentradas no caminho para o objetivo em vez do desejo de obter algo. Ou seja, se aprendessem a gostar do que fazem, e decidissem fazer algo que gostam, e não apenas o que lhes permite atrair riqueza. Por isso se diz que "a verdade irá te libertar mas primeiro tornar-te-á miserável" (Jim Davis).

Se observarmos a aquisição de dinheiro, por exemplo, é relativamente óbvio constatar que são os serviços e os objectos necessários ao publico que atraem a riqueza, e não o desejo exagerado de ser rico sem oferecer qualquer benefício em troca à sociedade.

Se nos deixarmos prender à materialidade que dá corpo às ilusões, viveremos a infelicidade. Porque, sempre que adquirimos o bem material pelo qual lutámos, sentiremos que esse objeto não nos preenche. Nesse sentimento de vazio, iremos sucessivamente procurar novos objetos, vivendo um vazio crescente e uma infelicidade permanente. Até mesmo antes de alcançar esses objectivos, os esquecemos, sempre que a vida nos dá um pouco de prazer.

As pessoas que encontram um emprego no qual se oferece comida, um salário suficiente para poderem usufruir de viagens três vezes por ano, facilmente esquecem suas ambições de riqueza, principalmente, porque implicam um estilo de vida bem pior que o anterior.

Uma das minhas companheiras mostrou-se muito solidária quando lhe disse que ia desistir do meu emprego como professor universitário e o apartamento enorme e muito confortável em que vivíamos, bem como as muitas viagens que fazíamos todos os anos. Assim, que começou a experimentar a nova realidade, tornou-se amarga, toxica, insultuosa e muitíssimo agressiva e ressentida. Pois agora estávamos a viver num quarto alugado, não mais viajávamos e a eu sempre poupava o máximo possível em todas as despesas. Discutimos muito mais que antes, até que terminei a relação, abandonando-a. E foi apenas aí que consegui enriquecer. Ainda tive que passar mais alguns meses trabalhando duro para o conseguir, mas em seis meses estava rico. Depois, viajei bastante, durante seis meses, mas sozinho. Ela, por outro lado, encontrou um homem rico, que não podia ir a lado nenhum, porque tinha um emprego como advogado que não lhe permitia isso. Sua vida havia se tornado uma monotonia desagradável. E eu iniciei uma relação mais tarde com uma pessoa bem mais atraente e dentro das minhas expectativas, depois de perceber que a minha capacidade para atrair o sexo oposto tinha aumentado substancialmente. Pois, assim que me tornei solteiro, não só trabalhei muito mais nos meus negócios, como também obtive mais tempo livre para fazer desporto.

O espírito não pode ser preenchido com ilusões, logo, o caminho correto terá naturalmente que ser outro. A senda da descoberta espiritual que alimenta o espírito reside na consciência da alma para o seu direito mais elementar de encontrar a felicidade. Mas esse caminho pode, em grande parte, ser composto de infelicidade. Por outro lado, somos realmente infelizes quando fazemos algo que nos dá felicidade? Quando temos uma companheira, ou companheiro, que nos apoia, quando trabalhamos diariamente de manhã à noite para alcançar um objectivo, tudo o resto se torna secundário, e as possibilidades e oportunidades tornam-se mais visíveis. É como se a nossa fé atraísse milagres. E se tivermos que atribuir uma função ao amor, essa seria a melhor forma de explicar o amor próprio e o amor num casal. Só existe verdadeiro amor na partilha de sonhos. E se quisermos falar em amor próprio, neste caso em particular, só está presente quando nossas ações correspondem aos nossos sonhos.

Para cada ser, esse direito encontrará parâmetros diferentes que possuem respostas no âmago da personalidade individual. E é na autoaprendizagem e busca do que nos permite viver com maior felicidade, que encontramos uma sintonia entre a consciência e a mente que pensa sobre o mundo real. O que nos faz sonhar, o que nos aquece e acalma o coração, é a porta para o nosso caminho espiritual.

Qual a Relação entre os Desejos e a Espiritualidade?

É muito natural que, nos primeiros estágios de evolução espiritual, os sonhos se apresentem como sendo muito materiais, e só depois se desenvolvam no sentido de serem cada vez menos materiais e cada vez mais emocionais.

Estamos conectados primordialmente com nossas necessidades mais elementares, sejam elas relacionadas com a sobrevivência, o sexo ou o desejo de pertencer a algo, um grupo, uma nação, um propósito que nos conecte no mundo. Numa primeira fase, o sonho poderá encaminhar na senda de se possuir uma casa, onde possamos nos sentir em paz e harmonia connosco próprios. Pode até estar relacionado com o viver num certo país, em certas condições socioeconômicas. Numa segunda fase, poderemos sonhar com aquilo que possa contribuir para essa paz e harmonia, tal como alguém para nos fazer companhia e ajudar a nos tornarmos uma pessoa melhor. Numa terceira fase, desejaremos apenas a paz e harmonia, buscando atrair tudo e todos os que possam contribuir para ela. Este estado, contudo, porque está mais conectado com as nossas emoções, é mais fácil de atingir.

No caminho da felicidade encontramos o nosso propósito. E, porque o propósito de cada ser é diferente, os caminhos para a felicidade poderão se cruzar e até serem em alguns casos paralelos, mas serão sempre únicos. As aprendizagens que obtemos com os que encontramos ao longo do caminho ajudam-nos a tornar uma pessoa melhor. Num casal, por exemplo, cada um dos parceiros caminha sozinho, mas os caminhos de ambos residem na harmonia existencial conjunta, pelo que as aprendizagens únicas que devem realizar encontram-se nessa mesma existência em amor. E muitas vezes as insatisfações de um contribuem para o reforço da relação, como quando uma mulher não gosta do trabalho e o seu namorado, homem de negócios, coincidentemente está buscando uma assistente, ou quando uma pessoa tem problemas para os quais a pessoa da sua vida possuí as respostas. É por esta razão que o amor existe para unir as pessoas que devem aprender juntas. Isto não significa no entanto que tenhamos o dever de ajudar os outros, pois saber amar é também saber aceitar o amor, e infelizmente nem todas as pessoas querem ser ajudadas.

No amor, encontramos maior complementaridade entre o que podemos fazer pelo outro e o que necessitamos que façam por nós, mas o autodeterminismo, para o bem e para o mal, continua a existir. Ainda assim, encontramos aqui o suporte que precisamos quando não possuímos mais forças para continuar sozinhos. E, por isso, o amor é imprescindível a todos os que perderam as forças para continuar a dar um sentido à sua vida.

As pessoas mais infelizes são as que mais carecem de amor e é realmente difícil nos amarmos a nós mesmos. O ser humano não foi desenhado para viver em solidão. Esse trabalho, embora possível, é muito duro. No amor, a vida ganha mais cor e propósito, portanto o amor aumenta a necessidade de viver e facilita esse prazer, quando ambos são maduros o suficiente para reconhecer suas diferenças, semelhanças, necessidades e complementaridade. Quando amamos, preocupamo-nos com o outro, com as suas necessidades, e vivemos numa sintonia conjunta face á existência. Por este motivo, o amor é um dos maiores e principais impulsionadores do sentido da vida.

Para muitas pessoas, amar representa o único momento em que experienciam responsabilidade ou empatia a um nível mais profundo. E embora tal seja verdade para os relacionamentos amorosos, podemos dizer igualmente que é válido para tudo o mais, pois o sentido da vida é também o caminho do amor-próprio, ainda que necessitemos do sentido de pertença para compreender o amor próprio. Em muitos casos, é a separação, o divorcio, a solidão, que despertam nas pessoas a necessidade do amor-próprio, e as forçam a aprender a compreender isso, não só através duma existência mais satisfatória, mas também parceiros mais respeitosos.

Porque Existe o Amor?

De modo a podermos encontrar um sentido para a nossa existência temos que aprender a amar-nos. Este tipo de amor é diferente daquele que é expresso fisicamente com um parceiro.

Naturalmente, quando somos amados, é mais fácil gostarmos de nós mesmos, e é por essa razão que necessitamos do amor dos outros. Tal confiança muito dificilmente pode ser fabricada.

Quando experienciamos o amor dos outros, cremos que a nossa existência é útil a eles e, por este motivo, começamos a amar-nos. Trata-se dum amor baseado na ajuda mutua e no partilhar de emoções. Por outras palavras, o amor só se manifesta quando existe confiança, honestidade e interesse em contribuir para a felicidade de outra pessoa. Mas estes princípios estão também na base do amor-próprio, i.e., confiança na nossa capacidade para ultrapassar dificuldades, honestidade nos nossos objectivos e interesse em contribuir para a nossa felicidade pessoal através de projectos, planos e hábitos que a promovam.

Pensa que uma pessoa que entra no hábito de beber álcool em excesso, fumar drogas ou tabaco, e desperdiçar seu tempo com festas, e promiscuidade está tentando ser feliz? Não. Esta pessoa está ignorando sua necessidade de ser feliz. Ela já desistiu de si mesma. E agora está simplesmente a tentar viver com isso.

No amor-próprio obtemos mais vontade de viver e, na vontade de viver, procuraremos aquilo que nos faz feliz, mantendo o propósito da nossa vivência. Quando encontramos esse propósito, não mais carecemos do amor do outro, mas iremos mantê-lo, porque agora ele não é mais uma necessidade, mas sim um complemento ao propósito existencial que entretanto encontrámos. E é por isso que o amor-próprio nos torna conscientes também das relações toxicas e destrutivas. Na verdade, a primeira coisa que um psicopata ou narcisista faz aos seus parceiros, é destruir seu amor-próprio, pois de outro modo não poderia controlá-los e forçá-los a satisfazer necessidades egoístas, em detrimento das suas.

Por outro lado, aquele ou aqueles que amamos verdadeiramente, encontram um sentido dentro dessa mesma dinâmica. E por isso, o sentido do amor pode surgir de duas formas: O amor de que necessitamos para nos amarmos mais; O amor-próprio que nos leva a procurar quem o complemente. Em ambos os casos, o amor nunca assume pré-condições ou regras humanas.

O amor é perfeito em si, e, por isso, de um modo ou de outro, sempre se complementa. Pois, o amor-próprio encaminha no sentido do amor ao outro, e o amor ao outro encaminha no sentido do amor-próprio. Até mesmo quando amamos alguém que não sabe como nos amar de volta, mas apenas magoar, podemos compreender isto. Na felicidade de viver, encontramos o sentido do amor e, dando-lhe um sentido, encontramos o propósito da nossa existência. Com aqueles que amamos compreendemos mais sobre quem somos e o nosso papel no mundo e, ao compreender isso, podemos melhor entender que caminhos devemos seguir para nos desenvolvermos espiritualmente. Encontrá-los-emos sempre que fazemos o que aumenta o nosso amor-próprio e o amor ao outro. Isto, porque, nesse processo, iremos tomar ações que produzem resultados positivos ou negativos.

Nessa experiência, tomaremos consciência das regras que compõem a existência. Quanto mais as conhecermos, melhor saberemos como atuar para produzir mais felicidade e menos infelicidade, sabendo que na felicidade obtemos mais prazer em viver.

A vida é, por isso, uma caminhada no sentido de compreender as regras que a regem, pois, na sua materialidade, aprendemos a viver neste mundo, mas na sua lógica infinita, aprendemos sobre nós, sobre a vida, sobre o universo e, em última instância, sobre o propósito de Deus.

Como Alcançar a Felicidade?

A felicidade pode melhor ser adquirida quando intensificamos o prazer na existência, pois é proporcional à nossa atitude na vida. Neste sentido, no decurso desta caminhada, aprendemos a conhecer-nos mediante a escolha ou recusa face ao que nos faz sentir bem. Nessas decisões, encontramos maior prazer em existir e, através desse prazer, entramos em sintonia com o nosso propósito espiritual.

Os erros que cometemos tendem a ser visíveis mais tarde, quando observamos em retrospectiva as nossas decisões, pois raramente as pessoas percebem que apenas as decisões com repercussões positivas a longo prazo podem ser tomas como decisões positivas. Obviamente, não incluímos aqui substâncias que causem qualquer tipo de dependência, seja física ou emocional.

Naquilo que nos faz feliz, aprendemos mais sobre quem somos e qual a razão da nossa existência, mas somente quando as opções são construtivas e no sentido da nossa liberação espiritual. Ao caminharmos nessa senda, iremos nos transformar e perceber mais sobre a nossa real necessidade de âmbito material, compreendendo as implicações emocionais desta. Pois no final encontramos uma ligação entre todas as decisões e o modo como cada se interconecta com as restantes.

Ao longo da nossa vida, iremos sempre e progressivamente fazendo novas escolhas, e desse modo, iremos, numa correlação permanente entre transformações no plano material e transformações da personalidade, conhecer melhor o nosso propósito único, sendo assim cada vez mais felizes. As únicas dificuldades que encontraremos ao longo deste processo e que nos podem fazer parar, dizem respeito à necessidade de nos separarmos daqueles que não serão capazes de assimilar as nossas transformações e irão com frequência resistir a elas, nomeadamente, aqueles cuja existência esteja mais interconectada com a nossa. Não é por acaso, que a necessidade de seguir certos caminhos exigentes, como a criação de um negócio, implicam muitas vezes terminar com relacionamentos que não aceitam as exigências que isso acarreta.

A felicidade é a busca do sentido da vida, o qual se encontra no que nos dá prazer existencial. "O amor à verdade tem a sua recompensa no céu e na terra" (Friedrich Nietzsche). O sonhar, o trabalhar para adquirir os nossos sonhos, e o viver diariamente no sentido de concretizar os sonhos, permite mais prazer e encaixa perfeitamente nos propósitos existenciais.

É na sintonia entre o sonho e a realidade que o ser encontra o caminho para a sua felicidade. E, obviamente, na medida em que nos encontramos numa realidade material, temos que a viver, modificando e agindo sobre os objetos que compõem essa realidade, bem como as pessoas que nela interagem, no sentido de criar um elo de ligação necessário ente a realidade e o sonho. A título de exemplo, devemos compreender que o sonho produz uma energia positiva que se associa com a energia que move o mundo material, e nessa associação atraímos o que sonhamos, mas é nas nossas decisões e ações que o sonho se materializa ou não.

Nessa correlação, ambos – sonho e realidade, se transformam. E não seria possível ser realista num sonho, ou motivado com fé perante a nossa realidade, se não fossemos capazes de ajustar ambos ao longo do processo de nos compreendermos ao agir sobre estes. Pois a vida é, em ultima instancia, um sistema metacognitivo, em que nos compreendemos através das implicações nas nossas ações de tentar compreender o mundo. Nenhuma decisão está ausente de implicações.

Imaginando que nos encontramos a sonhar com a obtenção de algo, se sempre que a realidade nos trouxer uma oportunidade para o obter nós rejeitamos essa oportunidade, iremos, ao longo do tempo, porque não atingimos o sonho, pensar que nunca o conseguiremos concretizar, e, iremos parar de sonhar. Mas a realidade não para de atrair o que desejamos com as nossas decisões erradas, mas sim com o nosso cessar de sonhar.

A realidade que vemos é também aquela que cremos existir. E, por isso, se nos centrarmos mais no mundo físico teremos mais dificuldades em sonhar. Por outro lado, se nos centrarmos demasiado nos sonhos, sem ter em atenção as oportunidades do mundo físico, dificilmente conseguiremos aproveitar as oportunidades que nos são providenciadas. Ambos os estados são importantes, porque quanto mais sonhos conseguirmos realizar, mais amor-próprio teremos e, nessa felicidade, encontraremos a autoconfiança que nos permite continuar a sonhar.

É no sonho que a vida se move. A felicidade encontra-se no sonho intenso acompanhado por uma vida intensa no sentido de o atingir. E uma vida com propósito é uma vida feliz.

About the Publisher

This book was published by the 22 Lions Bookstore.
For more books like this visit www.22Lions.com.
Join us on social media at:
Fb.com/22Lions;
Twitter.com/22lionsbookshop;
Instagram.com/22lionsbookshop;
Pinterest.com/22LionsBookshop.

www.ingramcontent.com/pod-product-compliance
Lightning Source LLC
Chambersburg PA
CBHW070739020526
44118CB00035B/1770